It's another Quality Book from CGP

This book has been carefully written for 6-7 year olds.

It's full of questions covering the Mental Maths
skills children will need in Year 2 — all based on
the National Curriculum.

We've also included "Time Yourself" tests at the end of the
book to make sure they really know their stuff.

What CGP is all about

Our sole aim here at CGP is to produce the highest quality books
— carefully written, immaculately presented and
dangerously close to being funny.

Then we work our socks off to get them out to you
— at the cheapest possible prices.

Published by CGP

Written by William Hartley

Editors:
Jane Ellingham and Matt Topping.

ISBN: 978 1 84146 084 0

With thanks to Alan Jones and Rob Harrison for the proofreading.

Printed by Elanders Ltd, Newcastle upon Tyne.
Clipart from Corel®

Based on the classic CGP style created by Richard Parsons.

Text, design, layout and original illustrations © Coordination Group Publications Ltd. (CGP) 2014
All rights reserved.

**Photocopying this book is not permitted, even if you have a CLA licence.
Extra copies are available from CGP with next day delivery • 0800 1712 712 • www.cgpbooks.co.uk**

Contents

Part 1 — Number, Word and 'Real-life' Problems
Exercises 1 - 28 .... 1 - 28

Part 2 — Time Yourself Tests
Tests 1 - 24 .... 29 - 34

Answers .... 35 - 36
Individual Record Sheet .... Inside Back Cover

Useful Information

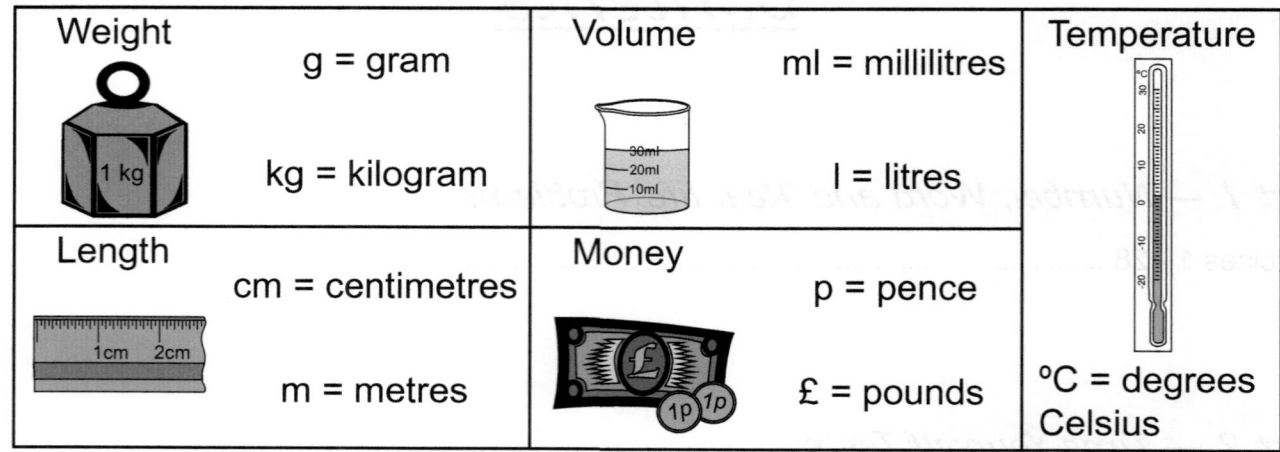

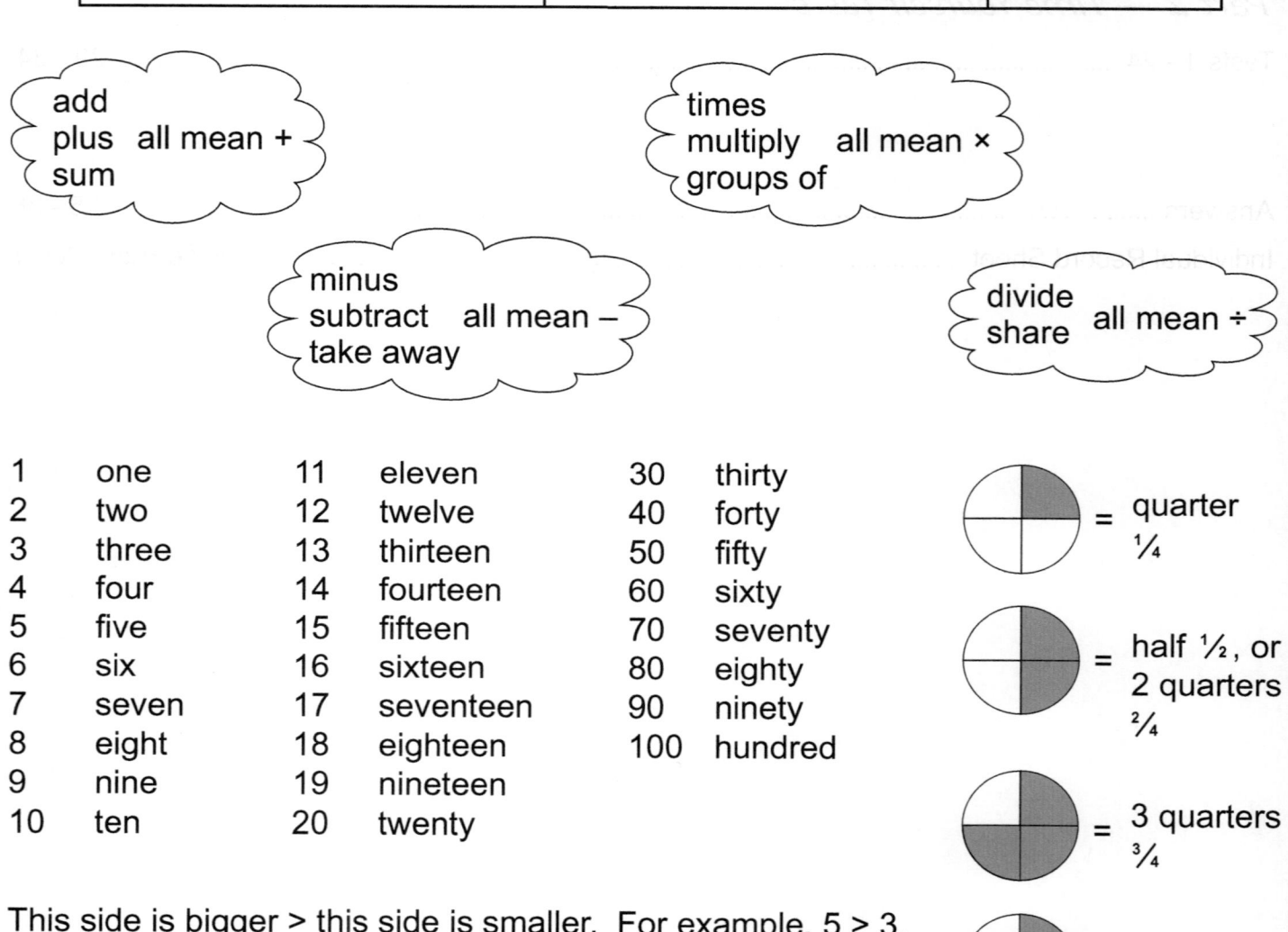

Weight	Volume	Temperature
g = gram	ml = millilitres	
kg = kilogram	l = litres	
Length	**Money**	°C = degrees Celsius
cm = centimetres	p = pence	
m = metres	£ = pounds	

- add
- plus   all mean +
- sum

- times
- multiply   all mean ×
- groups of

- minus
- subtract   all mean −
- take away

- divide
- share   all mean ÷

1	one	11	eleven	30	thirty
2	two	12	twelve	40	forty
3	three	13	thirteen	50	fifty
4	four	14	fourteen	60	sixty
5	five	15	fifteen	70	seventy
6	six	16	sixteen	80	eighty
7	seven	17	seventeen	90	ninety
8	eight	18	eighteen	100	hundred
9	nine	19	nineteen		
10	ten	20	twenty		

= quarter ¼

= half ½, or 2 quarters 2/4

= 3 quarters ¾

= third ⅓

This side is bigger > this side is smaller. For example, 5 > 3.

This side is smaller < this side is bigger. For example, 3 < 5.

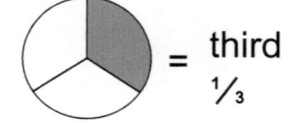

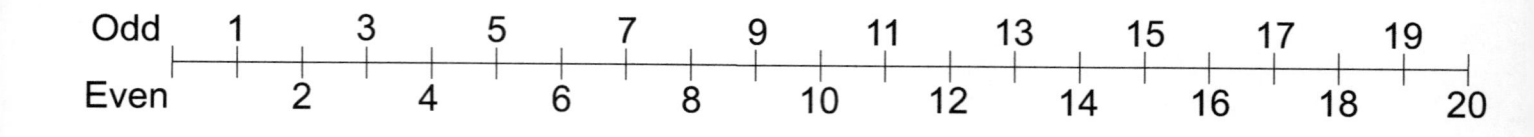

Odd   1   3   5   7   9   11   13   15   17   19
Even   2   4   6   8   10   12   14   16   18   20

Exercise 1

A START UP

1. 0 + 1 =
2. 2 + 3 =
3. 11 − 1 =
4. 5 − 5 − 0 =
5. 12 + 2 =
6. 5 − 2 =
7. 14 + 3 =
8. 6 + 4 + 2 =
9. 18 − 1 =
10. 3 + 4 =

Marks

B INTO GEAR

1. Nought add 3 equals?
2. Take two away from two.
3. To nine add one.
4. Make six larger by five.
5. Find half of eight.

Marks

C TOUGH CHALLENGE

1. Nine pence minus 5p.   p
2. Which of these two lengths is the longest:

   17 cm or 3 cm?   cm
3. Which is the shortest: 8 cm or 9 cm?   cm
4. What coin is the same as 18p add 2p?   p

Marks

1   © CGP — not to be photocopied

Exercise 2

A START UP

1. 3 – 3 + 1 =
2. 7 + 4 =
3. 15 – 2 – 5 =
4. 10 + 9 =
5. 11 – 2 =
6. 3 + 17 =
7. 10 + 2 + 2 =
8. 4 – 1 =
9. 14 – 6 =
10. 4 + 0 + 6 =

Marks

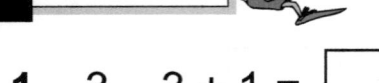

B INTO GEAR

1. To eleven add three.
2. Take three from thirteen.
3. Seven doubled.
4. Add the even numbers: 2, 3, 7, 8, 9.
5. Write the number 18 in words.

Marks

C TOUGH CHALLENGE

1. 12 marbles add 3 marbles add one marble.   marbles
2. John has 14 crayons and Kate has 4. How many more crayons has John got?   crayons
3. Half of 20 cm is how many?   cm
4. Write the missing number: 9 kg, 7 kg,   kg, 3 kg.

Marks

Exercise 3

A START UP

1. 13 + 5 =
2. 8 − 3 − 2 =
3. 4 + 9 =
4. 9 − 2 =
5. 1 + 11 − 7 =
6. 16 − 9 =
7. 1 + 16 − 2 =
8. 2 + 16 =
9. 7 − 5 =
10. 6 + 6 =

Marks

B INTO GEAR

1. To one add six.
2. From fourteen take away two.
3. Find ½ of sixteen.
4. 0, ___, 10, 15.
5. Take away 16 from sixteen.

Marks

C TOUGH CHALLENGE

1. Nine pounds minus £3 minus £1.   £
2. 10 cows add 8 cows is how many cows?   cows
3. You have 14p and lose three pence. How much do you have left?   p
4. 13 sweets take 7 sweets leaves ___ sweets.

Marks

Exercise 4

A START UP

1. 3 + 4 =
2. 10 − 8 + 3 =
3. 12 + 6 =
4. 20 − 9 =
5. 12 − 2 + 3 =
6. 2 + 9 =
7. 19 − 7 =
8. 9 + 11 =
9. 4 + 15 − 2 =
10. 9 + 10 =

Marks

B INTO GEAR

1. Zero add eighteen add one equals?
2. Take five from fifteen.
3. Add together the odd numbers: 5, 8, 3, 4, 1.
4. Subtract nine from 20.
5. What number is the same as double five?

Marks

C TOUGH CHALLENGE

1. Seven millilitres add twelve millilitres. ____ ml
2. Which coin is the same as 14p take away 9p? ____ p
3. A line is 3 cm long. By how many cm is it shorter than another line 9 cm long? ____ cm
4. Which is heavier, 9 grams or 19 grams? ____ grams

Marks

© CGP — not to be photocopied

Exercise 5

A START UP

1. 14 + 3 =
2. 20 − 5 =
3. 50 + 5 =
4. 31 − 1 =
5. 4 + 81 =
6. 21 + 7 =
7. 8 + 62 =
8. 22 − 1 =
9. 99 − 9 =
10. 87 − 4 =

Marks

B INTO GEAR

1. Write in the missing number: 3   6   9   ☐   15.
2. Which number comes before fifteen?
3. From 58 take away six.
4. To forty add five. Write your answer in words.
5. Is eighty one odd or even?

Marks

C TOUGH CHALLENGE

1. Add 31 cars to 4 cars. ☐ cars
2. Subtract five hats from ten hats. ☐ hats
3. Add six crayons to four crayons and take away five crayons. ☐ crayons
4. Find half of eighteen ducks. ☐ ducks

Marks

© CGP — not to be photocopied

Exercise 6

A START UP

1. 40 + 7 =
2. 11 − 9 =
3. 24 + 8 =
4. 4 + 17 =
5. 31 − 5 =
6. 25 − 5 =
7. 30 − 8 =
8. 19 + 3 =
9. 42 + 8 =
10. 2 + 33 =

Marks

B INTO GEAR

1. Add six and ten.
2. Write in the missing number: 6   16   ☐   36   46
3. The total of three and sixty nine is how many?
4. Write in the missing sign (< or >) : 5 ☐ 7
5. What is the difference between 15 and 1?

Marks

C TOUGH CHALLENGE

1. 6p add 34p is how much?   ☐ p
2. How much is left when you have £28 and then spend £3?   £ ☐
3. Find a quarter of 16 donkeys.   ☐ donkeys
4. Which is hotter: 48 °C or 84 °C.   ☐ °C

Marks

© CGP — not to be photocopied

A START UP

Exercise 7

1. 23 + 7 =
2. 6 + 53 =
3. 43 – 9 =
4. 28 – 4 =
5. 9 + 33 =
6. 15 + 6 =
7. 93 – 6 =
8. 8 + 79 =
9. 22 – 4 =
10. 4 + 73 =

Marks

B INTO GEAR

1. Write in the missing sign (< or >) : 21 ☐ 12
2. Take three from 29.
3. One add three add five.
4. Write in the missing number: 10 12 ☐ 16
5. Take the smaller number from the larger number: 9, 5.

Marks

C TOUGH CHALLENGE

1. Subtract 6 pens from 10 pens and add one pen. ☐ pens
2. There are 27 sheep in a field. How many sheep are left if five are taken back to the farm? ☐ sheep
3. You have 3 cups. Make this twice as many. ☐ cups
4. To eleven litres add seven more. ☐ litres

Marks

Exercise 8

A START UP

1. 50 + 17 =
2. 28 − 10 =
3. 35 + 10 =
4. 20 + 43 =
5. 58 − 10 =
6. 61 − 11 =
7. 40 + 60 =
8. 11 + 13 =
9. 50 − 25 =
10. 24 + 24 =

Marks

B INTO GEAR

1. Subtract 3 and then 2 from 15.
2. What is half of 60?
3. Ten less than 90 is equal to?
4. Write in words the number between 30 and 32.
5. Count down three from sixty six.

Marks

C TOUGH CHALLENGE

1. 89 flowers minus 28 flowers leaves how many flowers?   flowers
2. How many hours from 4 o'clock to 8 o'clock.   hours
3. 10 out of 20 squirrels are red. What fraction is this?
4. Which is longer: 56 m or 55 m?   m

Marks

© CGP — not to be photocopied

Exercise 9

A START UP

1. 15 + 16 =
2. 98 − 23 =
3. 12 − 12 =
4. 79 + 11 =
5. 12 − 10 =
6. 70 + 30 =
7. 53 − 15 =
8. 26 − 18 =
9. 75 + 25 =
10. 19 + 19 =

Marks

B INTO GEAR

1. Write in the missing sign (+, −, ×, ÷): 12 ☐ 6 = 18.
2. Write in the missing number: 21 24 ☐ 30.
3. Make 26 larger by 4.
4. Add the odd numbers: 12, 13, 14, 15.
5. What's the next number after 98?

Marks

C TOUGH CHALLENGE

1. From 23 balls subtract five balls. ☐ balls
2. A tree has fifteen apples. If twelve apples fall off then how many are left on the tree. ☐ apples
3. You have 16 chickens. Double this. ☐ chickens
4. Find the difference between 6 ml and 16 ml. ☐ ml

Marks

Exercise 10

A START UP

1. 30 + 30 =
2. 24 − 14 =
3. 15 + 28 =
4. 17 − 16 =
5. 85 − 16 =
6. 18 + 29 =
7. 45 − 28 =
8. 10 + 81 =
9. 19 + 64 =
10. 33 − 14 =

Marks

B INTO GEAR

1. Make two larger by five and add one.
2. What is a third of 6?
3. Find ¼ of twenty.
4. Double thirty two.
5. Subtract eighteen from eighty.

Marks

C TOUGH CHALLENGE

1. Write in the missing number: 63 m, 58 m, ☐ m, 48 m.
2. You have 8p. You lose 3p and then lose 4p. How much have you got left? ☐ p
3. Find the difference between 55 kg and 48 kg. ☐ kg
4. Total up 34 grams and 19 grams. ☐ grams

Marks

© CGP — not to be photocopied

Exercise 11

A START UP

1. 12 + 8 + 4 =
2. 9 + 11 + 5 =
3. 20 − 5 − 3 =
4. 3 + 24 + 6 =
5. 55 − 5 − 5 =
6. 11 − 1 − 3 =
7. 32 + 4 + 7 =
8. 80 + 9 + 6 =
9. 30 − 7 − 3 =
10. 19 + 9 + 0 =
11. 35 − 4 − 6 =
12. 25 − 5 − 8 =

Marks

B INTO GEAR

1. Fifteen add six add three.
2. Take 9 away from twenty and then add eight.
3. Write in the missing sign (+, −, ×, ÷): 16 ☐ 6 = 22.
4. What number is 2 more than six?
5. Write in the missing number: 16 14 12 ☐ 8.

Marks

C TOUGH CHALLENGE

1. Find one half of 22 fish. ☐ fish
2. You have 10 boxes. Double this amount. ☐ boxes
3. Ellie has twenty four pears. She gives two to John and eight to Annie. How many does Ellie have left? ☐ pears
4. Which is hotter: 35 °C or 53 °C? ☐ °C

Marks

A START UP

Exercise 12

1. 22 – 8 – 9 =
2. 2 + 3 + 23 =
3. 15 + 9 – 6 =
4. 82 + 9 + 9 =
5. 34 – 4 – 3 =
6. 75 – 5 + 8 =
7. 69 – 6 + 9 =
8. 16 – 8 – 7 =
9. 4 + 44 + 4 =
10. 9 – 8 + 35 =
11. 30 – 0 – 7 =
12. 1 + 50 + 8 =

Marks

B INTO GEAR

1. Write in words the number one more than 77.
2. Split ten into two groups.
3. Find one quarter of forty.
4. Write in the missing sign (< or >): 54 ☐ 45
5. Add 5 to thirty and take away nine.

Marks

C TOUGH CHALLENGE

1. Make 9 lemons twice as many. ☐ lemons
2. Find the total length of three lines that are twenty metres, seven metres and six metres long. ☐ metres
3. Eighty ducks less two ducks minus nine ducks ☐ ducks
4. Find ¼ of twelve barrels. ☐ barrels

Marks

© CGP — not to be photocopied

Exercise 13

A START UP

1. 50 − 20 − 5 =
2. 8 + 11 + 21 =
3. 35 − 5 + 26 =
4. 14 + 24 + 6 =
5. 35 − 4 + 51 =
6. 21 − 1 − 10 =
7. 32 + 14 + 8 =
8. 95 − 90 + 6 =
9. 43 − 3 − 23 =
10. 10 + 19 + 0 =
11. 75 − 30 − 5 =
12. 28 − 6 + 18 =

Marks

B INTO GEAR

1. Add nine, thirteen and fifteen.
2. Find one third of 12.
3. Add the even numbers together: 24, 35, 44, 57.
4. Twice 18. Write your answer in words.
5. Subtract eighteen from 80 and add three.

Marks

C TOUGH CHALLENGE

1. 19p add 7p is how much? □ p
2. How many is a half of twenty four sheep? □ sheep
3. Write in the missing measurement:

    41 ml   44 ml   □ ml   50 ml   53 ml.

4. Find the total of £31, £47 and £6. £ □

Marks

Exercise 14

A START UP

1. 91 + 7 − 19 =
2. 40 + 40 + 4 =
3. 32 − 23 − 5 =
4. 11 + 2 + 22 =
5. 1 + 30 + 65 =
6. 25 − 17 − 8 =
7. 41 + 0 − 9 =
8. 80 − 24 − 6 =
9. 15 + 28 + 7 =
10. 48 − 3 − 20 =
11. 77 + 10 − 6 =
12. 3 + 58 − 16 =

Marks

B INTO GEAR

1. Seven less than fourteen is equal to?
2. Double 45.
3. Fill in the missing number: 96   91   86   81   ___ .
4. Write in the missing sign (< or >): 44 ___ 83.
5. Find ¼ of eighty.

Marks

C TOUGH CHALLENGE

1. Which of these four lengths is the shortest:
   11 cm, 17 cm, 7 cm, or 10 cm? ___ cm
2. Add seventy three pence to eighteen pence. ___ pence
3. How many hours from 1 o'clock to 11 o'clock? ___ hours
4. Take 4 g and 24 g from 54 g. ___ g

Marks

© CGP — not to be photocopied

A START UP

Exercise 15

1. 5 × 2 =
2. 30 ÷ 10 =
3. 4 × 5 =
4. 7 × 2 =
5. 8 ÷ 2 =
6. 3 × 5 =
7. 8 × 10 =
8. 60 ÷ 5 =
9. 4 × 10 =
10. 90 ÷ 10 =
11. 20 ÷ 2 =
12. 7 × 10 =

Marks

B INTO GEAR

1. Take three and 6 from nine.
2. 18 minus four plus five is how many?
3. How many fives in thirty?
4. Write in words the answer to 10 times four.
5. The sum of five and 14 is how many?

Marks

C TOUGH CHALLENGE

1. If one sweet costs 2p, how many do eleven cost? p
2. How many hours from 1 o'clock to 4 o'clock? hours
3. Seven groups of 2 frogs make a total of frogs.
4. Add ten books to 48 books.

   Is your answer an odd or even number?

Marks

Exercise 16

A START UP

1. 9 × 2 =
2. 1 × 10 =
3. 24 ÷ 2 =
4. 10 ÷ 10 =
5. 25 ÷ 5 =
6. 6 × 5 =
7. 8 × 10 =
8. 4 ÷ 2 =
9. 45 ÷ 5 =
10. 11 × 2 =
11. 8 ÷ 2 =
12. 8 × 5 =

Marks

B INTO GEAR

1. How many tens in 60?
2. Make 74 larger by nine.
3. Find half of 100.
4. Twice 24.
5. Add the odd numbers: 17, 23, 54, 68

Marks

C TOUGH CHALLENGE

1. How many minutes in a quarter of an hour? _____ mins
2. If one bucket holds 2 litres, how many does 3 buckets hold? _____ litres
3. What is one third of 30 sheep? _____ sheep
4. Divide 50 buttons into 10 groups. _____ buttons

Marks

© CGP — not to be photocopied

A START UP

Exercise 17

1. 40 ÷ 5 =
2. 12 × 10 =
3. 9 × 5 =
4. 8 × 2 =
5. 55 ÷ 11 =
6. 6 × 2 =
7. 12 ÷ 2 =
8. 6 ÷ 2 =
9. 40 ÷ 10 =
10. 35 ÷ 5 =
11. 5 ÷ 5 =
12. 6 × 5 =

Marks

B INTO GEAR

1. Add five to thirteen and take away two.
2. Write in the missing sign (+, −, ×, ÷): 17 ☐ 12 = 5.
3. Find ½ of eighty eight.
4. Put in the missing number: 20, 23, 26, 29, ☐.
5. What is the total if there are 11 groups of 5?

Marks

C TOUGH CHALLENGE

1. If five cups hold 40 ml, how much does one cup hold?
   ☐ ml
2. Thirty spoons subtract eleven spoons. ☐ spoons
3. What is the total of 21p and 78p? ☐ p
4. £35 doubled is how much? £ ☐

Marks

Exercise 18

A START UP

1. 5 + ☐ = 25
2. 12 + 9 − 8 = ☐
3. ☐ × 5 = 20
4. 20 = 4 + ☐
5. ☐ = 8 + 22
6. 19 − ☐ − 4 = 1
7. 21 + 33 = ☐
8. 19 − ☐ − 1 = 0
9. 36 = 18 + ☐
10. ☐ − 0 = 60
11. 18 ÷ ☐ = 9
12. ☐ = 31 − 11

Marks

B INTO GEAR

1. Write in the missing number: 11   21   ☐   41.
2. Split twenty into two groups. ☐
3. What is the difference between 99 and 1? ☐
4. Add the two largest numbers together: 18, 8, 15, 25 ☐
5. What is twenty doubled? ☐

Marks

C TOUGH CHALLENGE

1. Sam is 4 years older than Nasreen. Nasreen is 5. How old is Sam? ☐ years old
2. What fraction is five cats out of ten cats? ☐
3. Subtract fourteen pence from 60p. ☐ pence
4. How many is a quarter of sixteen dogs? ☐ dogs

Marks

© CGP — not to be photocopied

Exercise 19

A START UP

1. 60 = 25 + ☐
2. ☐ ÷ 2 = 4
3. ☐ = 9 + 8 + 7
4. 24 − 15 = ☐
5. 2 + ☐ = 31
6. 17 − 6 + 9 = ☐
7. ☐ = 15 + 15
8. 9 − ☐ + 7 = 7
9. 10 × 6 = ☐
10. 39 = 16 + ☐
11. ☐ = 8 − 4 − 3
12. 120 ÷ ☐ = 12

Marks ☐

B INTO GEAR

1. Eight plus seven plus three is how many? ☐
2. Which is the even number: 25 or 52? ☐
3. Fifty is the answer when ten is multiplied by what? ☐
4. Write a whole number that lies between 13 and 16. ☐
5. Write in the missing sign (+, −, ×, ÷): 12 ☐ 5 = 60.

Marks ☐

C TOUGH CHALLENGE

1. Which of these 5 masses is the heaviest?

   4 g   14 g   18 g   13 g   8 g   ☐ g

2. Add together 11 cm, 3 cm and 5 cm.   ☐ cm
3. How many minutes in half an hour?   ☐ minutes
4. What is half of 66 ml?   ☐ ml

Marks ☐

Exercise 20

A START UP

1. 45 ÷ 9 = ☐
2. 10 = 8 − 7 + ☐
3. ☐ = 43 − 43
4. 43 = 51 − ☐
5. ☐ + 6 = 54
6. 5 + ☐ − 9 = 1
7. 35 = 5 × ☐
8. 10 ÷ 5 = ☐
9. 14 + ☐ = 27
10. ☐ + 4 + 4 = 16
11. 16 + 34 − ☐ = 41
12. ☐ + 10 = 96

Marks ☐

B INTO GEAR

1. Write in the missing sign (< or >) : 9 ☐ 6
2. Subtract 6 from 16. ☐
3. Write in the missing number: ☐ 18 20 22 24.
4. Add up the two smallest numbers: 14, 27, 4, 17. ☐
5. What is forty eight doubled? ☐

Marks ☐

C TOUGH CHALLENGE

1. Four stickers at 2p each will cost how much? ☐ p
2. What is ¾ of 4 cm? ☐ cm
3. Which is colder: 32 °C or 22 °C? ☐ °C
4. Susan has 12 apples and Peter has 15.
   How many apples have they altogether? ☐ apples

Marks ☐

© CGP — not to be photocopied

A START UP

Exercise 21

1. 7 + 2 − 3 = ☐
2. 1 + 91 = ☐
3. 2 × 4 = ☐
4. 80 ÷ 10 = ☐
5. ☐ + 2 + 7 = 16
6. 36 + ☐ = 66
7. 5 × 3 = ☐
8. 55 ÷ 11 = ☐
9. 9 = ☐ ÷ 10
10. 28 = 9 + ☐ + 1
11. ☐ = 38 + 4 − 3
12. 8 + 8 + 5 = ☐

Marks ☐

B INTO GEAR

1. One whole has ☐ halves.
2. How many twos in eighteen? ☐
3. The sum of six and twelve is how many? ☐
4. Find ¾ of 12. ☐
5. Add together the odd numbers: 9, 6, 5, 8, 7, 4. ☐

Marks ☐

C TOUGH CHALLENGE

1. Heather has a bag of 38 mints. She gives ½ to Juliet. How many mints does Juliet have? ☐ mints
2. How many ears do 3 cats have? ☐ ears
3. Write in the missing weight: 19 kg   22 kg   25 kg   ☐ kg
4. Add ten litres to eighty litres. ☐ litres

Marks ☐

Exercise 22

A START UP

1. ☐ − 4 = 15
2. 12 ÷ 2 = ☐
3. 17 − ☐ = 11
4. 5 + 5 + 4 = ☐
5. ☐ + 20 = 64
6. 8 + 6 + ☐ = 20
7. 35 = 4 + ☐
8. 10 × 12 = ☐
9. 44 − ☐ = 14
10. ☐ − 4 = 0
11. 6 × ☐ = 60
12. 2 × 12 = ☐

Marks ☐

B INTO GEAR

1. Write in the missing sign (< or >) : 15 ☐ 20
2. Multiply five by six. ☐
3. Write in words the number that is twice 11. ☐
4. Seven add 7 add eight is how many? ☐
5. Twelve is 120 divided by what? ☐

Marks ☐

C TOUGH CHALLENGE

1. What coin is the same as 10p add 10p? ☐ p
2. What is 50 grams less 21 grams? ☐ grams
3. Which is the shortest: 23 cm or 32 cm? ☐ cm
4. If one doughnut costs £2, how much would it cost to buy 8 doughnuts? £ ☐

Marks ☐

© CGP — not to be photocopied

Exercise 23

A START UP

1. 9 − 2 − 3 = ☐
2. ☐ − 1 + 9 = 17
3. ☐ × 2 = 12
4. 90 ÷ 10 = ☐
5. ☐ − 16 = 16
6. 35 − ☐ + 3 = 18
7. ☐ ÷ 2 = 1
8. 100 − ☐ = 70
9. 10 = ☐ ÷ 2
10. 5 × 5 = ☐
11. ☐ = 34 + 45
12. ☐ × 3 = 30

Marks ☐

B INTO GEAR

1. Five add six take away three. ☐
2. Nineteen take six and add thirty. ☐
3. Write in the missing number.   99   89   ☐   69.
4. 8 groups of two is how many? ☐
5. Find ¼ of eighty. ☐

Marks ☐

C TOUGH CHALLENGE

1. Brian has 12 stamps and Wendy has 7. How many more stamps does Brian have? ☐ stamps
2. Half of 22 cm is how many centimetres? ☐ cm
3. Share 60 apples equally among 3 people. ☐ apples each
4. Take fifteen cars from eighteen cars. ☐ cars

Marks ☐

Exercise 24

A START UP

1. ☐ − 3 + 5 = 11
2. 24 ÷ ☐ = 12
3. 17 = ☐ − 11
4. 5 − 0 + 9 = ☐
5. ☐ + 4 = 75
6. 30 + 40 = ☐
7. 40 = 5 × ☐
8. 99 − 19 = ☐
9. 23 + ☐ = 46
10. ☐ + 27 − 5 = 32
11. 10 × ☐ = 110
12. ☐ + 7 + 7 = 21

Marks ☐

B INTO GEAR

1. Add ten to the biggest even number: 55, 44, 33, 22. ☐
2. Write in the missing sign (+, −, ×, ÷): 3 ☐ 4 + 5 = 12.
3. What is ¾ of 8? ☐
4. Twenty four is half of which number? ☐
5. What number is the same as double 7? ☐

Marks ☐

C TOUGH CHALLENGE

1. How many minutes in ¾ of an hour? ☐ mins
2. 14 balls add 7 balls is how many balls? ☐ balls
3. Share thirty biscuits equally among 10 children. How many biscuits will each child get? ☐ biscuits
4. 16 mice take away 8 mice leaves ☐ mice.

Marks ☐

© CGP — not to be photocopied

Exercise 25

A START UP

1. 3 × 3 =
2. 105 + 4 =
3. 16 ÷ 2 =
4. 85 – 6 =
5. 303 – 2 =
6. 20 ÷ 4 =
7. 7 + 16 =
8. 163 – 100 =
9. 5 + 28 – 6 =
10. 159 + 200 =
11. 10 × 4 =
12. 45 ÷ 5 =

Marks

B INTO GEAR

1. 5 plus nine add four.
2. Subtract 8 from the total of seven and six.
3. Increase nine by two hundred.
4. Two times eight.
5. Take four and fourteen from 40.

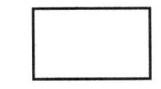

Marks

C TOUGH CHALLENGE

1. John spends £6 and £8 on new socks.
   How much change will he get from a £20 note? £
2. Find one third of fifteen cakes.   cakes
3. Take eight trees from 120 trees.   trees
4. Double thirty five carrots.   carrots

Marks

Exercise 26

A START UP

1. 107 + 20 =
2. 30 + 19 − 4 =
3. 38 × 10 =
4. 19 + 19 =
5. 12 ÷ 3 =
6. 95 − 12 − 5 =
7. 7 + 113 =
8. 18 − 9 − 9 =
9. 222 − 200 =
10. 8 × 8 =
11. 83 − 6 =
12. 124 − 40 =

Marks

B INTO GEAR

1. Six groups of ten is how many?
2. Multiply three by twelve.
3. Fill in the missing number: 88 ☐ 94 97 100.
4. Write in the missing sign (< or >): 98 ☐ 89.
5. Find three quarters of 8.

Marks

C TOUGH CHALLENGE

1. 10 groups of 23 people make a total of ☐ people.
2. What length is added to 7 cm to make 20 cm? ☐ cm
3. Add together the weights below:
   16 kg   25 kg   8 kg.   ☐ kg
4. How many minutes in an hour? ☐ minutes

Marks

© CGP — not to be photocopied

Exercise 27

A START UP

1. 19 + 18 + 7 =
2. 25 – 6 + 4 =
3. 120 ÷ 10 =
4. 60 × 10 =
5. 153 + 30 =
6. 36 ÷ 4 =
7. 422 – 8 =
8. 511 – 400 =
9. 35 + 29 =
10. 12 × 5 =
11. 8 + 8 + 8 =
12. 93 – 5 =

Marks

B INTO GEAR

1. Find the difference between twenty and twelve.
2. Write in words the number that's half of 100.
3. Add together the odd numbers: 30, 35, 40, 45, 50.
4. Write in the missing sign (+, –, ×, ÷): 21 ☐ 3 = 7.
5. Take forty three from forty seven.

Marks

C TOUGH CHALLENGE

1. Mundeep is 6 years old. How old will he be in 17 years time?

   ☐ years old

2. A bucket holds 8 l. How much can 7 buckets hold? ☐ l
3. A potato costs 10p. Find the cost of 4 potatoes. ☐ p
4. Find ¼ of forty rabbits. ☐ rabbits

Marks

27 © CGP — not to be photocopied

Exercise 28

A START UP

1. 191 + 600 =
2. 42 + 19 − 6 =
3. 60 ÷ 5 =
4. 40 × 10 =
5. 8 + 33 − 12 =
6. 100 − 9 =
7. 52 − 5 + 11 =
8. 33 ÷ 3 =
9. 24 + 26 =
10. 278 − 100 =
11. 53 − 10 =
12. 12 − 12 + 1 =

Marks

B INTO GEAR

1. Find the sum of four, eight, and six.
2. Multiply seventy seven by ten.
3. What number is 6 times greater than 2?
4. Fill in the missing number: ☐ 68 58 48 38.
5. Find two quarters of 44.

Marks

C TOUGH CHALLENGE

1. 33 out of 66 pigs are pink. Write this as a fraction.
2. What weight is removed from 127 g to make 8 g? ☐ g
3. On Tuesday it was 19 °C. On Wednesday it was twice as hot. How hot was it on Wednesday? ☐ °C
4. Multiply 52 berries by ten. ☐ berries

Marks

© CGP — not to be photocopied

Time Yourself Tests 1 - 4

TEST 1
Time taken: .... min

Marks

1. 0 + 10 =
2. 9 − 6 =
3. 9 + 6 − 3 =
4. 8 + 3 =
5. 5 + 5 + 5 =
6. 8 − 6 =
7. 12 − 7 =
8. 9 − 7 − 2 =

TEST 2
Time taken: .... min

Marks

1. 1 + 8 =
2. 15 − 7 =
3. 8 + 8 + 3 =
4. 19 − 3 =
5. 4 + 5 − 2 =
6. 9 + 11 =
7. 0 + 5 + 7 =
8. 8 − 6 − 1 =

TEST 3
Time taken: .... min

Marks

1. 5 + 2 + 2 =
2. 13 − 7 =
3. 9 − 5 + 3 =
4. 9 − 3 − 4 =
5. 6 + 4 + 8 =
6. 19 − 6 =
7. 2 + 7 − 5 =
8. 8 + 9 =

TEST 4
Time taken: .... min

Marks

1. 8 + 12 =
2. 10 − 7 =
3. 7 + 5 + 3 =
4. 20 − 6 =
5. 5 + 6 − 2 =
6. 7 + 12 =
7. 5 − 0 + 4 =
8. 9 − 6 + 7 =

Time Yourself Tests 5 - 8

TEST 5 — Time taken: .... min — Marks

1. 8 + 13 =
2. 40 − 6 =
3. 11 + 16 =
4. 35 − 3 =
5. 10 + 25 =
6. 80 − 60 =
7. 14 + 17 =
8. 39 − 17 =

TEST 6 — Time taken: .... min — Marks

1. 25 + 8 =
2. 31 − 21 =
3. 42 + 42 =
4. 70 − 7 =
5. 81 − 9 =
6. 51 + 29 =
7. 10 + 37 =
8. 33 − 24 =

TEST 7 — Time taken: .... min — Marks

1. 22 + 22 =
2. 21 − 9 =
3. 15 + 51 =
4. 85 − 25 =
5. 10 + 66 =
6. 48 − 7 =
7. 19 + 16 =
8. 31 − 4 =

TEST 8 — Time taken: .... min — Marks

1. 40 + 60 =
2. 82 − 79 =
3. 17 + 27 =
4. 71 − 5 =
5. 5 + 25 =
6. 31 + 14 =
7. 50 − 4 =
8. 69 − 19 =

Time Yourself Tests 9 - 12

TEST 9 — Time taken: .... min — Marks

1. 14 + 16 + 7 =
2. 40 – 5 – 4 =
3. 32 – 16 – 6 =
4. 6 + 8 + 10 =
5. 21 + 15 – 4 =
6. 50 – 6 + 7 =
7. 5 + 5 + 24 =
8. 36 – 9 – 4 =

TEST 10 — Time taken: .... min — Marks

1. 25 + 22 + 3 =
2. 60 – 15 – 7 =
3. 6 + 7 + 15 =
4. 11 + 29 – 4 =
5. 14 – 13 – 0 =
6. 8 + 28 + 8 =
7. 49 – 7 – 4 =
8. 19 + 70 – 7 =

TEST 11 — Time taken: .... min — Marks

1. 26 + 32 – 5 =
2. 10 + 5 + 6 =
3. 20 – 8 – 7 =
4. 17 + 4 + 22 =
5. 71 – 4 – 2 =
6. 9 + 16 + 9 =
7. 14 + 36 – 8 =
8. 8 – 8 + 13 =

TEST 12 — Time taken: .... min — Marks

1. 40 + 50 – 1 =
2. 21 – 18 + 2 =
3. 6 + 16 + 9 =
4. 64 – 49 + 3 =
5. 19 + 16 + 3 =
6. 55 – 4 – 4 =
7. 7 – 5 + 11 =
8. 22 + 22 – 1 =

Time Yourself Tests 13 - 16

TEST 13 — Time taken: .... min

Marks

1. 2 × 5 =
2. 10 × 6 =
3. 40 ÷ 5 =
4. 18 ÷ 2 =
5. 5 × 5 =
6. 2 × 6 =
7. 10 ÷ 10 =
8. 15 ÷ 5 =

TEST 14 — Time taken: .... min

Marks

1. 10 × 2 =
2. 10 ÷ 2 =
3. 30 ÷ 10 =
4. 5 × 12 =
5. 8 ÷ 2 =
6. 2 × 11 =
7. 100 ÷ 10 =
8. 5 × 6 =

TEST 15 — Time taken: .... min

Marks

1. 5 × 8 =
2. 2 × 8 =
3. 110 ÷ 10 =
4. 45 ÷ 5 =
5. 55 ÷ 5 =
6. 10 × 6 =
7. 2 ÷ 2 =
8. 5 × 3 =

TEST 16 — Time taken: .... min

Marks

1. 11 × 2 =
2. 10 × 12 =
3. 60 ÷ 5 =
4. 2 × 9 =
5. 5 × 7 =
6. 20 ÷ 10 =
7. 5 × 9 =
8. 6 ÷ 2 =

© CGP — not to be photocopied

Time Yourself Tests 17 - 20

TEST 17 — Time taken: .... min
Marks

1. 4 + 16 =
2. 80 − 5 =
3. 21 + 21 −6 =
4. 6 × 10 =
5. 2 + 5 + 9 =
6. 8 × 2 =
7. 33 + 17 − 4 =
8. 40 ÷ 5 =

TEST 18 — Time taken: .... min
Marks

1. 5 × 12 =
2. 43 − 13 + 6 =
3. 90 ÷ 10 =
4. 1 + 19 =
5. 8 − 7 + 6 =
6. 75 − 40 =
7. 36 − 0 =
8. 9 × 2 =

TEST 19 — Time taken: .... min
Marks

1. 56 + 31 =
2. 20 ÷ 2 =
3. 20 − 2 =
4. 4 × 5 =
5. 80 + 19 − 9 =
6. 70 − 15 =
7. 9 + 26 =
8. 37 − 8 =

TEST 20 — Time taken: .... min
Marks

1. 18 + 32 −5 =
2. 80 ÷ 10 =
3. 24 ÷ 2 =
4. 84 − 55 =
5. 5 × 5 =
6. 6 + 3 + 27 =
7. 19 − 7 =
8. 9 − 9 + 2 =

Time Yourself Tests 21 - 24

TEST 21 — Time taken: .... min — Marks

1. 28 + 7 =
2. 55 − 5 + 10 =
3. 10 × 4 =
4. 2 × 12 =
5. 1 + 3 + 91 =
6. 72 + 8 =
7. 20 + 70 − 4 =
8. 35 ÷ 5 =

TEST 22 — Time taken: .... min — Marks

1. 2 × 0 =
2. 16 − 14 =
3. 18 ÷ 9 =
4. 16 + 9 =
5. 37 − 16 − 2 =
6. 63 + 24 =
7. 10 × 8 =
8. 61 − 0 =

TEST 23 — Time taken: .... min — Marks

1. 61 + 34 − 2 =
2. 30 ÷ 10 =
3. 34 + 48 =
4. 20 ÷ 4 =
5. 67 + 17 =
6. 12 ÷ 6 =
7. 2 × 10 =
8. 16 − 15 + 9 =

TEST 24 — Time taken: .... min — Marks

1. 76 − 12 =
2. 2 × 11 =
3. 26 − 6 − 10 =
4. 5 × 6 =
5. 25 ÷ 5 =
6. 9 + 31 + 17 =
7. 63 − 4 =
8. 6 + 2 + 2 =

© CGP — not to be photocopied

Answers — Pages 1 to 18

Page 1 Ex 1
A – START UP
1. 1 **2.** 5 **3.** 10 **4.** 0 **5.** 14
6. 3 **7.** 17 **8.** 12 **9.** 17 **10.** 7
B – INTO GEAR
1. 3 **2.** 0 **3.** 10 **4.** 11 **5.** 4
C – TOUGH CHALLENGE
1. 4p **2.** 17 cm **3.** 8 cm **4.** 20p

Page 2 Ex 2
A – START UP
1. 1 **2.** 11 **3.** 8 **4.** 19 **5.** 9
6. 20 **7.** 14 **8.** 3 **9.** 8 **10.** 10
B – INTO GEAR
1. 14 **2.** 10 **3.** 14 **4.** 10
5. eighteen
C – TOUGH CHALLENGE
1. 16 marbles **2.** 10 crayons
3. 10 cm **4.** 5 kg

Page 3 Ex 3
A – START UP
1. 18 **2.** 3 **3.** 13 **4.** 7 **5.** 5
6. 7 **7.** 15 **8.** 18 **9.** 2 **10.** 12
B – INTO GEAR
1. 7 **2.** 12 **3.** 8 **4.** 5 **5.** 0
C – TOUGH CHALLENGE
1. £5 **2.** 18 cows **3.** 11p **4.** 6 sweets

Page 4 Ex 4
A – START UP
1. 7 **2.** 5 **3.** 18 **4.** 11 **5.** 13
6. 11 **7.** 12 **8.** 20 **9.** 17 **10.** 19
B – INTO GEAR
1. 19 **2.** 10 **3.** 9 **4.** 11 **5.** 10
C – TOUGH CHALLENGE
1. 19 ml **2.** 5p **3.** 6 cm **4.** 19 grams

Page 5 Ex 5
A – START UP
1. 17 **2.** 15 **3.** 55 **4.** 30 **5.** 85
6. 28 **7.** 70 **8.** 21 **9.** 90 **10.** 83
B – INTO GEAR
1. 12 **2.** 14 **3.** 52 **4.** forty five **5.** odd
C – TOUGH CHALLENGE
1. 35 cars **2.** 5 hats **3.** 5 crayons
4. 9 ducks

Page 6 Ex 6
A – START UP
1. 47 **2.** 2 **3.** 32 **4.** 21 **5.** 26
6. 20 **7.** 22 **8.** 22 **9.** 50 **10.** 35
B – INTO GEAR
1. 16 **2.** 26 **3.** 72 **4.** < **5.** 14
C – TOUGH CHALLENGE
1. 40p **2.** £25 **3.** 4 donkeys
4. 84 °C

Page 7 Ex 7
A – START UP
1. 30 **2.** 59 **3.** 34 **4.** 24 **5.** 42
6. 21 **7.** 87 **8.** 87 **9.** 18 **10.** 77
B – INTO GEAR
1. > **2.** 26 **3.** 9 **4.** 14 **5.** 4
C – TOUGH CHALLENGE
1. 5 pens **2.** 22 sheep **3.** 6 cups
4. 18 litres

Page 8 Ex 8
A – START UP
1. 67 **2.** 18 **3.** 45 **4.** 63 **5.** 48
6. 50 **7.** 100 **8.** 24 **9.** 25 **10.** 48
B – INTO GEAR
1. 10 **2.** 30 **3.** 80 **4.** thirty one
5. 63
C – TOUGH CHALLENGE
1. 61 flowers **2.** 4 hours **3.** ½
4. 56 m

Page 9 Ex 9
A – START UP
1. 31 **2.** 75 **3.** 0 **4.** 90 **5.** 2
6. 100 **7.** 38 **8.** 8 **9.** 100 **10.** 38
B – INTO GEAR
1. + **2.** 27 **3.** 30 **4.** 28
5. 99
C – TOUGH CHALLENGE
1. 18 balls **2.** 3 apples **3.** 32 chickens
4. 10 ml

Page 10 Ex 10
A – START UP
1. 60 **2.** 10 **3.** 43 **4.** 1 **5.** 69
6. 47 **7.** 17 **8.** 91 **9.** 83 **10.** 19
B – INTO GEAR
1. 8 **2.** 2 **3.** 5 **4.** 64 **5.** 62
C – TOUGH CHALLENGE
1. 53 m **2.** 1p **3.** 7 kg **4.** 53 grams

Page 11 Ex 11
A – START UP
1. 24 **2.** 25 **3.** 12 **4.** 33 **5.** 45 **6.** 7
7. 43 **8.** 95 **9.** 20 **10.** 28 **11.** 25
12. 12
B – INTO GEAR
1. 24 **2.** 19 **3.** + **4.** 8 **5.** 10
C – TOUGH CHALLENGE
1. 11 fish **2.** 20 boxes **3.** 14 pears
4. 53 °C

Page 12 Ex 12
A – START UP
1. 5 **2.** 28 **3.** 18 **4.** 100 **5.** 27 **6.** 78
7. 72 **8.** 1 **9.** 52 **10.** 36 **11.** 23
12. 59
B – INTO GEAR
1. seventy eight **2.** 5 **3.** 10 **4.** >
5. 26
C – TOUGH CHALLENGE
1. 18 lemons **2.** 33 metres
3. 69 ducks **4.** 3 barrels

Page 13 Ex 13
A – START UP
1. 25 **2.** 40 **3.** 56 **4.** 44 **5.** 82
6. 10 **7.** 54 **8.** 11 **9.** 17 **10.** 29
11. 40 **12.** 40
B – INTO GEAR
1. 37 **2.** 4 **3.** 68 **4.** thirty six
5. 65
C – TOUGH CHALLENGE
1. 26p **2.** 12 sheep **3.** 47 ml **4.** £84

Page 14 Ex 14
A – START UP
1. 79 **2.** 84 **3.** 4 **4.** 35 **5.** 96
6. 0 **7.** 32 **8.** 50 **9.** 50 **10.** 25
11. 81 **12.** 45
B – INTO GEAR
1. 7 **2.** 90 **3.** 76 **4.** <
5. 20
C – TOUGH CHALLENGE
1. 7 cm **2.** 91 pence **3.** 10 hours
4. 26 g

Page 15 Ex 15
A – START UP
1. 10 **2.** 3 **3.** 20 **4.** 14 **5.** 4
6. 15 **7.** 80 **8.** 12 **9.** 40 **10.** 9
11. 10 **12.** 70
B – INTO GEAR
1. 0 **2.** 19 **3.** 6 **4.** forty **5.** 19
C – TOUGH CHALLENGE
1. 22p **2.** 3 hours **3.** 14 frogs **4.** even

Page 16 Ex 16
A – START UP
1. 18 **2.** 10 **3.** 12 **4.** 1 **5.** 5
6. 30 **7.** 80 **8.** 2 **9.** 9 **10.** 22
11. 4 **12.** 40
B – INTO GEAR
1. 6 **2.** 83 **3.** 50 **4.** 48 **5.** 40
C – TOUGH CHALLENGE
1. 15 mins **2.** 6 litres **3.** 10 sheep
4. 5 buttons

Page 17 Ex 17
A – START UP
1. 8 **2.** 120 **3.** 45 **4.** 16 **5.** 5
6. 12 **7.** 6 **8.** 3 **9.** 4 **10.** 7
11. 1 **12.** 30
B – INTO GEAR
1. 16 **2.** − **3.** 44 **4.** 32 **5.** 55
C – TOUGH CHALLENGE
1. 8 ml **2.** 19 spoons **3.** 99p **4.** £70

Page 18 Ex 18
A – START UP
1. 20 **2.** 13 **3.** 4 **4.** 16 **5.** 30 **6.** 14
7. 54 **8.** 18 **9.** 18 **10.** 60 **11.** 2 **12.** 20
B – INTO GEAR
1. 31 **2.** 10 **3.** 98 **4.** 43 **5.** 40
C – TOUGH CHALLENGE
1. 9 **2.** ½ **3.** 46 pence **4.** 4 dogs

35

Answers — Pages 19 to 34

Page 19 Ex 19
A – START UP
1. 35 **2.** 8 **3.** 24 **4.** 9 **5.** 29 **6.** 20
7. 30 **8.** 9 **9.** 60 **10.** 23 **11.** 1 **12.** 10
B – INTO GEAR
1. 18 **2.** 52 **3.** 5 **4.** 14 or 15 **5.** ×
C – TOUGH CHALLENGE
1. 18 g **2.** 19 cm **3.** 30 minutes
4. 33 ml

Page 20 Ex 20
A – START UP
1. 5 **2.** 9 **3.** 0 **4.** 8 **5.** 48 **6.** 5
7. 7 **8.** 2 **9.** 13 **10.** 8 **11.** 9 **12.** 86
B – INTO GEAR
1. > **2.** 10 **3.** 16 **4.** 18 **5.** 96
C – TOUGH CHALLENGE
1. 8p **2.** 2 cm **3.** 22 °C **4.** 27 apples

Page 21 Ex 21
A – START UP
1. 6 **2.** 92 **3.** 8 **4.** 8 **5.** 7 **6.** 30
7. 15 **8.** 5 **9.** 90 **10.** 18 **11.** 39 **12.** 21
B – INTO GEAR
1. 2 **2.** 9 **3.** 18 **4.** 9 **5.** 21
C – TOUGH CHALLENGE
1. 19 mints **2.** 6 ears **3.** 28 kg
4. 90 litres

Page 22 Ex 22
A – START UP
1. 19 **2.** 6 **3.** 6 **4.** 14 **5.** 44 **6.** 6
7. 31 **8.** 120 **9.** 30 **10.** 4 **11.** 10 **12.** 24
B – INTO GEAR
1. < **2.** 30 **3.** twenty two **4.** 22
5. 10
C – TOUGH CHALLENGE
1. 20p **2.** 29 grams **3.** 23 cm **4.** £16

Page 23 Ex 23
A – START UP
1. 4 **2.** 9 **3.** 6 **4.** 9 **5.** 32 **6.** 20
7. 2 **8.** 30 **9.** 20 **10.** 25 **11.** 79 **12.** 10
B – INTO GEAR
1. 8 **2.** 43 **3.** 79 **4.** 16 **5.** 20
C – TOUGH CHALLENGE
1. 5 stamps **2.** 11 cm
3. 20 apples each **4.** 3 cars

Page 24 Ex 24
A – START UP
1. 9 **2.** 2 **3.** 28 **4.** 14 **5.** 71 **6.** 70
7. 8 **8.** 80 **9.** 23 **10.** 10 **11.** 11 **12.** 7
B – INTO GEAR
1. 54 **2.** + **3.** 6 **4.** 48 **5.** 14
C – TOUGH CHALLENGE
1. 30 mins **2.** 21 balls **3.** 3 biscuits
4. 8 mice

Page 25 Ex 25
A – START UP
1. 9 **2.** 109 **3.** 8 **4.** 79 **5.** 301 **6.** 5
7. 23 **8.** 63 **9.** 27 **10.** 359 **11.** 40 **12.** 9
B – INTO GEAR
1. 18 **2.** 5 **3.** 209 **4.** 16 **5.** 22
C – TOUGH CHALLENGE
1. £6 **2.** 5 cakes **3.** 112 trees
4. 70 carrots

Page 26 Ex 26
A – START UP
1. 127 **2.** 45 **3.** 380 **4.** 38 **5.** 4 **6.** 78
7. 120 **8.** 0 **9.** 22 **10.** 64 **11.** 77 **12.** 84
B – INTO GEAR
1. 60 **2.** 36 **3.** 91 **4.** > **5.** 6
C – TOUGH CHALLENGE
1. 230 people **2.** 13 cm **3.** 49 kg
4. 60 minutes

Page 27 Ex 27
A – START UP
1. 44 **2.** 23 **3.** 12 **4.** 600 **5.** 183 **6.** 9
7. 414 **8.** 111 **9.** 64 **10.** 60 **11.** 24
12. 88
B – INTO GEAR
1. 8 **2.** fifty **3.** 80 **4.** ÷ **5.** 4
C – TOUGH CHALLENGE
1. 23 years old **2.** 56 l **3.** 40p
4. 10 rabbits

Page 28 Ex 28
A – START UP
1. 791 **2.** 55 **3.** 12 **4.** 400 **5.** 29 **6.** 91
7. 58 **8.** 11 **9.** 50 **10.** 178 **11.** 43 **12.** 1
B – INTO GEAR
1. 18 **2.** 770 **3.** 12 **4.** 78 **5.** 22
C – TOUGH CHALLENGE
1. ½ **2.** 119 g **3.** 38 °C **4.** 520 berries

Page 29 Time Yourself Tests
Test 1
1. 10 **2.** 3 **3.** 12 **4.** 11 **5.** 15 **6.** 2
7. 5 **8.** 0
Test 2
1. 9 **2.** 8 **3.** 19 **4.** 16 **5.** 7 **6.** 20
7. 12 **8.** 1
Test 3
1. 9 **2.** 6 **3.** 7 **4.** 2 **5.** 18 **6.** 13
7. 4 **8.** 17
Test 4
1. 20 **2.** 3 **3.** 15 **4.** 14 **5.** 9 **6.** 19
7. 9 **8.** 10

Page 30 Time Yourself Tests
Test 5
1. 21 **2.** 34 **3.** 27 **4.** 32 **5.** 35
6. 20 **7.** 31 **8.** 22
Test 6
1. 33 **2.** 10 **3.** 84 **4.** 63 **5.** 72
6. 80 **7.** 47 **8.** 9
Test 7
1. 44 **2.** 12 **3.** 66 **4.** 60 **5.** 76
6. 41 **7.** 35 **8.** 27
Test 8
1. 100 **2.** 3 **3.** 44 **4.** 66 **5.** 30
6. 45 **7.** 46 **8.** 50

Page 31 Time Yourself Tests
Test 9
1. 37 **2.** 31 **3.** 10 **4.** 24 **5.** 32
6. 51 **7.** 34 **8.** 23
Test 10
1. 50 **2.** 38 **3.** 28 **4.** 36 **5.** 1
6. 44 **7.** 38 **8.** 82
Test 11
1. 53 **2.** 21 **3.** 5 **4.** 43 **5.** 65
6. 34 **7.** 42 **8.** 13
Test 12
1. 89 **2.** 5 **3.** 31 **4.** 18 **5.** 38
6. 47 **7.** 13 **8.** 43

Page 32 Time Yourself Tests
Test 13
1. 10 **2.** 60 **3.** 8 **4.** 9 **5.** 25
6. 12 **7.** 1 **8.** 3
Test 14
1. 20 **2.** 5 **3.** 3 **4.** 60 **5.** 4
6. 22 **7.** 10 **8.** 30
Test 15
1. 40 **2.** 16 **3.** 11 **4.** 9 **5.** 11
6. 60 **7.** 1 **8.** 15
Test 16
1. 22 **2.** 120 **3.** 12 **4.** 18 **5.** 35
6. 2 **7.** 45 **8.** 3

Page 33 Time Yourself Tests
Test 17
1. 20 **2.** 75 **3.** 36 **4.** 60 **5.** 16
6. 16 **7.** 46 **8.** 8
Test 18
1. 60 **2.** 36 **3.** 9 **4.** 20 **5.** 7
6. 35 **7.** 36 **8.** 18
Test 19
1. 87 **2.** 10 **3.** 18 **4.** 20 **5.** 90
6. 55 **7.** 35 **8.** 29
Test 20
1. 45 **2.** 8 **3.** 12 **4.** 29 **5.** 25
6. 36 **7.** 12 **8.** 2

Page 34 Time Yourself Tests
Test 21
1. 35 **2.** 60 **3.** 40 **4.** 24 **5.** 95
6. 80 **7.** 86 **8.** 7
Test 22
1. 0 **2.** 2 **3.** 2 **4.** 25 **5.** 19
6. 87 **7.** 80 **8.** 61
Test 23
1. 93 **2.** 3 **3.** 82 **4.** 5 **5.** 84
6. 2 **7.** 20 **8.** 10
Test 24
1. 64 **2.** 22 **3.** 10 **4.** 30 **5.** 5
6. 57 **7.** 59 **8.** 10